우리 시대 현대시조 100인선 18

도약(跳躍)

박 경 용

태학사

우리 시대 현대시조 100인선 18
도약(跳躍)

초판 인쇄 2000년 12월 28일 • 초판 발행 2001년 1월 1일 • 지은이 박경용 • 펴낸이 지현구 • 펴낸곳 태학사 • 주소 서울시 서초구 서초2동 1357-42 • 전화 (02) 584-1740 (代) • 팩스 (02) 584-1730 • e-mail thaehak4@chollian.net • http://www.thaehak4.com • 등록 제22-1455호

ISBN 89-7626-602-1 04810 • ISBN 89-7626-507-6 (세트)

ⓒ 박경용, 2001
값 5,000 원

☞ 저자와 협의하에 인지를 생략합니다.
☞ 파본은 구입한 곳이나 본사에서 바꾸어 드립니다.

해남의 고산 윤선도 선생 사당 앞에서 문우들과 함께(왼쪽부터 이상교, 동화작가 이동렬, 시인 최일환, 동화작가 조장희, 필자, 한 사람 건너 동시인 김종상)(1997.8)

동시조 동인회 〈쪽배〉 모임에서(왼쪽부터 허일, 필자, 서재환, 진복희, 신현배) (1999.1)

정완영, 정재익 씨와 함께 서울 청진동에서(1999.5)

차례

제1부 도약(跳躍)

도약(跳躍)	11
형산강(兄山江) 봄비	13
꽃상여	14
갈증	15
그나마 그나마도	16
송학도(松鶴圖)	18
동호(冬湖)	19
신록	20
귀로(歸路)	21
호도알	22
제비	23
겨울밤의 시	24
재생(再生)	25
염주	27
고향의 봄	28
탱자나무 울타리	29
우거한일(寓居閑日)	30
해바라기	32
바다여 오랜만에	33

제2부 겨울을 사는 나무

광명	37
절두산(切頭山) 항아리	38
피	40
겨울 어스름녘	42
해동(解凍)녘	43
마흔 고개	44
희화(戱畵) · 1	46
희화(戱畵) · 2	48
풀리는 강가에서	49
봄 밤	50
푸른 날	51
여울에서	52
풀밭에서	53
과목(果木) 아래	54
자연 · 1	55
자연 · 2	56
자연 · 3	57
겨울 저녁	58
겨울을 사는 나무	59

제3부 저문 날에

소(沼)처럼	67
소요산운(逍遙山韻)	68
목소리	70
강변사연(江邊詞緣)	71
상계동 시(上溪洞 詩)	72
저문 날에	74
개나리꽃 지는 날에	75
목련	76
봄 산조(散調)	78
오월 아침	79
적(寂)	80
귀뚜라미	81
사랑은 만월처럼	82

제4부 황국집

질경이	85
봄 묘지	86

버들꽃	87
숲・언어・행간(行間)	88
야행(夜行)	90
메아리	91
안개 아침	92
채색(彩色)	94
꿈자리	96
난 삼제(蘭 三題)	98
하지(夏至)	99
밤 삼각산운(三角山韻)	100
벼메뚜기	101
낙과(落果)	103
가을 산문(山門)	104
황국집(黃菊集)	105

해설 『사슴』에서 『황국』까지・이문재	111
박경용 연보	123

제1부 도약(跳躍)

도약(跳躍)

1
설경(雪景) 한 폭 치려니 백지장이 곧 눈벌이라
붓방아만 찧다간 하릴없이 점 하나 찍다.
우련한 미명(未明)을 깨쳐 태어난 한 마리 사슴!

날랜 귀 쫑그리고 사위(四圍)를 둘러본다.
조신(操身)하게 찍히우는 숫눈길의 첫 발자국.
향방을 가늠했나보다, 걸음새가 당당하다.

쉰 껍질의 빈 낱말에 씨가 드는 아픔이여.
깃을 치는 빛무리 속, 갓 돋은 새 태양을
음전한 뿔 위에 걸고 솟구쳐 닫는 내 사슴!

2
내 손에서 태어난 도약의 숫사슴이
십장생(十長生) 제 식구들을 거두어 사라진 뒤
백지장 빈 눈벌 위에 윙윙대는 한때 소리.

가만히 귀녀기니 눈 내리는 소리다.
거듭 열리는 해원(海原)에 쌓이는 눈의 소리.
그 틈에 끼여들 양으로 점 하나를 찍는다.

눈 쌓이는 바다에 둥두렷한 부랑(浮浪)의 섬.
단조로운 해조음에 소리를 메기면서
해돋이 내 본향(本鄉)으로 노(櫓) 저어가는 바윗섬.

형산강(兄山江) 봄비

여직도 안 드러나게 피를 씻는 형산강이
물이 피보다 진함을 일깨워 온 형산강이
이 봄사 놓여난 몸을 풀려 비를 불러 젖는다.

들러리 동산(東山)들도 허물어져 물에 들고
솔숲은 음모(陰毛)처럼, 고니떼는 발정(發精)처럼
다투어 진한 암내를 강에 실어 흘리누나.

물씬한 암내 위에 색다른 한쌍 체취.
금실좋은 그 체취를 형산강도 부러운듯
바다로 들기에 앞서 오래 멎어 즐긴다.

꽃상여

녹음(綠陰)에 알몸을 묻은 황토재 너머에서
꽃상여 한 채 나부끼며 오고 있다.
상두꾼 소리 메김도 없이 제 홀로만 오고 있다.

꽃다운 그 이름마저 묻힌지 오랜 것이
그나마 먼 어젯적은 재 넘기만 하던 것이
오늘은 어쩐 일로 문득 내릿길을 오고 있다.

내 발치께에 다다르매 풀꽃 움큼 얹어주고
움츠려 귀녀기매 낯익은 기침소리.
그 뉘도 아닌 내가 길게 그 안에 누워 있다.

녹음의 속살을 갈라 꽃상여가 가고 있다.
잠들어 사윈 넋은 명부(冥府)에 지레 들고
시들다 깨어난 몸이 새 순(筍) 넋을 열고 있다.

갈증

이레째 젖느라니
술맛마저 떫고 쓰다.

해묵은 내 갈증의
빌미를 알겠구나.

단 한줄
가늘고도 질긴
노랫말이 궁거운걸.

숨쉬기도 무거워
이토록 숨이 가쁘다.

산다는 일이 마침내
한모금 맹물이듯

그 흰맛
그 물맛같은
한 소절(小節)이 목마르다.

그나마 그나마도

떠돌기도 이즈막엔
붙박이만큼 어렵다.
그나마도 이 땅에선
허리 잘린 행운유수(行雲流水).
생각에 날개 달기도
힘겨워 겨운 날을.

*

우연을 고마워한다
그나마도 드문 우연.
가령, 잃은 말 되살려낸
오늘밤 술자리를.
떠돌다 흙젖을 만난
민들레의 필연인양.

*

내리 석잠을 자고
막잠 한숨 아껴둔채

얼켜서 헷갈릴만큼
와자히 터친 생각.
그나마 올과 날을 가려
고치 짓는 재미를.

송학도(松鶴圖)

목을 꼬아 즐기는
시늉이야 익혔어도
결 못 삭힌 외로움이
내겐 남아 있어서
아직은
외다리로는 설 수 없다,
학처럼은.

밑바닥 어둠을 짚어
빛의 맥(脈)은 캐내어도
사귀어 깊을수록
외로움은 미망(迷妄)이라
멀쩡한
두다리 학도
못 앉힌다, 솔처럼은.

동호(冬湖)

몹쓸 내 발광덩이를
윗강에다 빠쳤더니
이 호수에 괴어들어
겨울 만나 고질(痼疾)된가.
까발린 흰자위만의
눈동자로 누워 있네.

성에도 발 못 붙인
깡마른 날빛 도와
굳은 이명(耳鳴)을
추윗살에 풀어두고
잘 미쳐 샛말간 속내,
용서받는 눈이여.

신록

오랜 잠에서 깨어난 아, 이 황홀한 해방감!
그 여린 눈빛 몸짓이 이리도 매울 줄이야
내 안켠 언로(言路)를 깨워 열뜨리는 재채기.

소름기 돋혀 우는 살과 피의 얼안에서
무연히 흩어지는 찌든 낱말, 삭은 푸념.
청렬(淸冽)한 숨구멍마다 터뜨리는 고고성(呱呱聲)!

축난 몰골을 메워 내가 나를 일으킬 제
살비듬 털어내고 밝디 밝은 재채기로
능선도 청올치처럼 속살 열어 뵈느니.

귀로(歸路)

능금알만한 해를
아침 길에 받들었더니
앗기고 잃어져서
허위허위 저녁 길은
겨자씨 한알 푼수도
못다 되이 사윈 해.

불빛 빠안한 자리,
매양 그 자리 내 자리
착한 시름 천갈래면
어진 설움은 만갈래
별자리 열리는 곁에
새로 나고픈 내 별이여.

호도알

호도알 한 알 두 알 굴려 갖는 그 재미로
짐짓 소중스레 주무르던 또 하루를
호도알 손아귀에서 떼듯 아낌없이 버렸다.

손때 묻을수록 두드러지는 제 빛 위에
잘잘히 윤기 흘려 갈수록이 안 늙는 그
나날이 저무는 내 세월도 그렇듯이 남는다면!

도란도란 베개맡에 이미 눈뜬 호도 알알
까마득 손길 밖에 버리어진 새 하루를
호도알 다시 손아귀에 넣듯 수월히도 얻는다.

제비

사랑도 귀양살이일 바엔 우상(偶像)이나 짓자 하고
흥부를 모셔다가 가난 사연 듣는 참에
넉점 반 새벽 물어와 우지짖는 쌍제비.

자정에 싹이 돋아 무성토록 자란 내 귀.
하나 남은 별에 걸려 하릿하게 떠는 내 귀.
가난도 사랑 가난은 못 가누어 여윈 귀.

풍월도 빛바래고 한량마저 살지 않는
이 마을 이 새벽에 시인은 흥부일다.
제비여, 복채를 놓는다, 물어오라, 사랑씨!

겨울밤의 시

이젠 뿌리채 얼어붙은 내 방랑 한 시절을
배부르고 등 다순 날, 달이라도 뜨는 밤은
문 열고, 허리를 풀고, 사려앉은 철새일레.

―가지에 초아흐렛달, 달무리에 걸린 삭풍(朔風).
내 이제 붓을 가누어 한 수 시를 농(弄)한대도
그 정작 새삼스러울 아무 것도 없느니.

시인이여, 네 길 정히 옛 시인의 남긴 자취.
어리고녀, 옛 시 위에 네 시를 세웠음은!
손쉬운, 먼 이웃들의 안부라도 점치게나.

재생(再生)

1
어떤 건 제 스스로 빗장 끌러 빛을 풀고
또 어떤 건 곁눈질해 이웃에서 빌어와서
내 뜨락, 저희 씨밭에 새 아침을 여는 꽃들.

보르르 달려오는 아가, 아가, 금지옥엽(金枝玉葉)!
두손으로 고이 받아 품 안에 떠올리니
내 파른 두팔에 안겨 묵직해라, 빛살 무게.

2
한밤내 베갯모를 적셔간 냇물소리.
청량(淸涼)한 그 물결에 씻기고도 남은 찌끼.
이 아침, 저들 앞에서 이리 부질없고나.

목청은 왜 자로 쉬고 귀울림은 그리 잦고
까마득 닫힌 눈에 꿈도 얼씬 못한 줄을
다시금 소스라치노니, 시달픈 맛, 저자 세상.

3
갓난 아기 울음으로 웃음 맺는 꽃들이여.
너희 축복의 분깃을 내가 받아 부시어라.
너희를 더불음으로 누리는 이 크낙한 축복의 덤.

벙그는 새론 웃음, 너희 위의 나여, 나여.
웃음의 물살 곁에 구저분한 낡은 이슬.
보는가, 눈을 돌려다오, 내 웃음의 울먹임을.

염주

―할머니 살아 계셨을 적, 한쌍 염주를 보듬으셨다.
생전에 지니셨던 것 모두 가신 임자 몸 따라 자취 감
추었는데, 오직 그 염주 한 쌍만이 빈 방의 빈 벽에
걸려 남아 있었다.

곬진 주름살마다
일렁일렁 나울이 잦던
시름의 나울, 바램의 나울
그 바다는 잠이 들고
바닷가 밀려난 조개론듯 오,
깨어 남은 한쌍 염주!

먼 훗날 잠든 임자의
그 바다가 도로 깨어
해일(海溢)토록 넘친단들
시방 오죽한 외롬이야
오늘에, 뉘 바다에 들어
씻기고플 것이여.

고향의 봄

왼 누리 하도 한 봄
정기(精氣) 가운데서도
그중 시답잖은 바람,
시들한 볕살만이
한 마을,
한 바다를 둘러
다시는 못 깰 잠이 들어……

갈매기 한번 울음에
꽃망울 하나 터뜨리는
동향(東向) 뉘집 뜨락에
한 그루 어린 살구나무.
잠 깨어
허울 벗는 건
그 뿐일레, 오 비정(非情)이여.

탱자나무 울타리

눈감아 더듬노라면
탱자나무 울타리에
웃고 잃고, 웃고 잃고……
빗겨간 세월 속을
왁자히,
아, 주렁주렁히
그날 그 웃음소리.

열어도 열어도 끝내
유자(柚子)는 아니 되는
어리디 어린 마음이야
탱자만한 내 분(分)인데
잃어진 그 웃음 속에
되 못찾는 내 목소리.

우거한일(寓居閑日)

소춘(小春) 밝은 뜰에
햇살과 노닐어라.

소슬한 바람결에도
손끝 떠는 나의 한일(閑日).

산(山)단풍
청명(淸明)에 들듯
내가 내가 익을까.

              *

넘쳐도 궁거워라
한쌍 씨앗 우리 사랑.

선이나 뵈일거나
수줍게 나앉으면,

석류(石榴)네 한쌍 사랑도 마주

문을 열고 앉는다

*

처사(處士) 달성(達城) 서공(徐公)의
볕 잘 드는 유택(幽宅)에 들러
조을며 깨며
자며 일며
고담(古談)이나 들을까.

듣다간 어슬렁히 나와
명당(明堂)이나 살필까.

해바라기

왕자(王者)
물러남이로다
저물은
제 왕국을.

불사르면 황금인들
가뭇도 없는
자취.

해 이미
사원 뜨락에
아, 또 하나
해가 지네.

바다여 오랜만에

1. 해조(海藻)처럼

얼마큼은 소금기에, 또 얼마큼은 나울에 젖어
허물도 다 벗기어 죄없는 알몸으로
머리나 빗질하면서 해조(海藻)처럼 살까나.

슴슴한 수평선을 손매디로 재어보아
버리어진 한 개 섬인 듯 놓였으면
시리게 목에 젖는 너, 바다여 물굽이여.

청태(靑苔) 돋아나는 돌그늘에 기대 앉아
눈물일랑 잔잔히 안으로 다스리고
파다한 주름살 켜고 울음이나 펼칠까.

2. 우는 갈매기

소리로 한번 울 적은 몸으론 두 번 울어
울며 바자니노라면 시름도 아득ㅎ던가.

울음이 보배일래도 아끼든 못 갖겠던가.

우는 갈매기야, 사람보다는 더 어린
늬는 울음이라도 남아 한(恨)을 맑히 씻으련만
울음도 바닥이 나서 새삼 한(恨)이란다, 사람은!

눈을 씻을 적은 소리론 이미 두번 울어
저무는 물빛일래 속이 한결 틔어뵈듯
울음은 짙어질수록 설움길은 빠안ㅎ던가.

제2부 겨울을 사는 나무

광명

내 손에 풀려나는 이 색실 한 타래며
무한정 쏟아지는 저 바깥 색실 사태(沙汰).
세상은 몸을 풀어라, 아 그로하여 광명이네.

섬기는 저 하늘을 땅으로 내려놓곤
미물(微物)에 닿아서는 소리로 먹혀들고
버려진 사금파리에조차 화관(花冠)으로 얹히느니.

몸을 묶은 동아줄은 보이지만 안 잡히고
넋을 긷는 끄나풀은 실마리도 안 보이고
마침내 색실 오라기만 목숨결에 아리네.

절두산(切頭山)* 항아리

1
절두산 항아리는 모양 이룬 호곡(呼哭)소리
기침도 숨도 작게, 노래도 은밀하게.
잃어서 좋을 것들만 앙금으로 굳었네.

진작 피의 알맹이는 하늘이 흠향(歆饗)하고
피의 찌꺼기는 땅의 낟알이 모셔가고
그날 그 피비린내만 앙금 위에 서렸네.

2
일찍이 나랑 더불어 살아온 항아리는
이름도 못 얻은채 장독대에 놓인 그것
늘 깨어 차가운 눈길의 옹기점에 놓인 그것.

이름 없는 그것이야 장맛에 지나잖고
늘 깨인 그것만은 달밤이면 거듭 깨어
다듬이, 아 다듬이질소리, 날 흔들어 울렸느니.

오랜 날 나랑 더불어 살아온 항아리는
늘 깨인 그것이란들 오늘에는 원통커니
피의 값 흙으로만 돌릴 그 육신이 아프거니.

3
절두산 항아리의 임자로 내가 있어
몸채로 입을 벌려 갓난 피로 울먹인들
소망이 걸어간 길은 저리 멀고, 아득하고.

삭은 흙을 낱낱이 일깨우는 안개비 속
저무는 장강(長江) 위로 노 저어오는 빛무리여
하늘길 제일 가까운 이 동산에 드는 해여.

* 절두산(切頭山)은 한강의 양화진(楊花津)에 터잡은 곳으로 구한말 천주교도 박해 당시(1866-1867), 숱한 교인들이 목 잘리워 순교한 자리다. 오늘날 이곳에 세워진 기념관 속의 유물전시장에는 형구(刑具)를 비롯한 갖가지 유품 중에 큰 김장독 크기만한 항아리가 한 개 놓여 있다. 박해 당시의 교인들이 난(亂)을 피하여 산 속에 숨어 살면서 양식 따위를 담았던 것이라 한다.

피

갓난 잎새 사이로 나부끼던 한닢 손.
그날 그 노부(老父)의 배웅은 길게 길게 살아서
어룽진 산하를 흔들어 진한 피로 번지더니.

그 손끝에서 차츰 높는 채도(彩度), 흔드는 손길이 펼치는 풍요로운 신록, 또 녹음.
그럴레라, 내게는 올해의 저 숲푸름만은 날렵한 손이 선도(鮮度) 높은 생비늘을 섞어 짜는 그물이라. 촘촘한 그물코의 날줄과 씨줄을 묶은 벼리, 오오, 피가 배인 벼리.
필연코 그 벼리마저도 노부 손에 들렸거라.

피의 맛은 달더라니, 그 말간 웃물이랑 갈앉은 앙금도 올해는 턱없이 달더라니.
내 피의 팔촌뻘은 좋이 되는 양천(陽川) 허씨부인(許氏夫人)은 그네 딸을 해외로 보내던 날, 비행장 잔디밭에서 비행기가 뜰 때마다 울어, 정작 딸이 반도(半島) 허공을 벗어나기까지 세 번을 곤두박질로 운 꼴이었다던가.
피끼리 쏟는 피울음은 내남없이 그 같을라.

아득한 듯 가까이 터놓은 길, 강나루에
 아비가 아들에게, 아들이 아비에게
 오늘도 강심(江心)에로 닫는 지호간(指呼間)의 두 거룻배.

겨울 어스름녘

내릴까 말까 눈발도
오락가락 서성이고,

어스름녘 궂은 창에
추운 산도 어슬렁히 걸어와서는 들까 말까 망설인다.

나 하나 마음 못 붙이매 모두
마음 둘 데 없어한다.

깃들일 새떼 우짖자
가까스로 가눈 마음.

눈발도 살찐 함박눈,
스스로 등을 부비어 일군 불 불 불로써 하늘 땅을 덥힌다.

물러나 산은 그제서야
제 자리를 버틴다.

해동(解凍)녘

조석을 넘나들며 늘 먼산 바라던 그곳.
무심결 버릇처럼 눈길 멎던 그 자리가
실제로 산(山)이었음을 오늘에사 보겠다.

찌들은 잿빛 눈을 깔고 삼동내 냉증(冷症)이나 앓는
가리운 아랫도리, 스산한 구름깃 펄럭이며 제 밑 스스로 들춰 보이는 그 무슨 궁상(窮相)의 하늘 끝자락인가 여겼더니,
며칠째 비 불러 툭툭 털고 두렷이 나앉는 산.

두어발짝 다가서는 그 산의 이마께에
개구리 눈망울처럼 불거진 청석(靑石)바위
넣자면 그 광택 부신 생기, 내 손아귀에 들겠다.

마흔 고개

빛깔도 가지가지
갈래도 많더라니,
가누기 힘겨울 만큼
꽤나 지저분ㅎ더니
거듭 핀 두벌 꽃인양
꿈자리가 맑는구나.

어린 내가 살고 있는
고향 뒷산을 헤매어
멧새알을 훔치려
새둥지 찾는 꿈을.
떨리어 피도 살도 굳는
그 한 꿈만 내리 꾼다.

후끈한 풀냄새 속의
아, 서늘한 새둥지.
거뭇한 둥지 속의
끓는 빛 멧새 알알.

오로지 설레임 하나 맛 보려
겨냥한 그 빛사냥.

품어온 적 한번 없이
만졌다간 도로 놓는,
어릴 적 버릇 그대로
어미새에 쫓기우며
잃은 빛 찾아 헤매는
잦은 꿈의 마흔 고개.

희화(戱畵)·1

희끗대던 눈발을 진눈깨비가 밀어내고
철 아닌 비가 다시 진눈깨비를 걷어내고
하늘 땅 질척이는 길목을 또 땅거미가 덮인다.

허공에 덩그라니 걸려 손[手]을 기다리는 연이 하나. 꼬리도 귀도 잘리고 마침내 살도 삭고. 앙상한 허우대, 잔뼈 다귀의 안간힘으로 벗어나려 벗어나려고 발버둥치는 연이 하나.

까까머리 소년이 땅거미 속에서 어슬렁히 기어나온다. 소년이 손을 들어 아는 체를 하자, 연은 꼬리를 달고, 귀를 달고, 주섬주섬 살을 입고. 소년의 타는 눈빛이 사슬을 끊자, 연은 스르르 풀려나, 애도리 애도리질하며 팽팽하게 날은다.

소년의 떨리는 손이 가까스로 연줄을 잡는 순간, 아, 소년의 몸이 둥둥 허공에 뜬다. 연이 소년을 날리며 어디론가 끌고 간다. 소년이 흘리고 간 팽이며 딱지, 떠난 자리에 뒹구는 구슬 몇 알.

어둑하니 저물기만 하고, 내내 어둡지 않는 저녁을
굴렁쇠가 임자를 찾아 소년의 옛날로 굴러가고 있을 뿐
소한(小寒)은 매캐한 땅거미에 싸여 코감기를 앓는다.

희화(戱畵) · 2

 하룻밤새 서로 몰라보게 늙어버린 초가집들끼리, 주렁주렁 고드름 달린 턱을 맞대고 둘러앉아 자연(紫煙)을 피우며 추위를 달랜다.
 그들 사이로, 아니 더러는 그 고드름 사이로, 더러는 그 턱 사이로, 또 더러는 그 자연(紫煙) 사이로. 이제 막 늦잠에서 깨난 아침이 갸웃이 얼굴들을 내밀고 해바라기한다.
 동구밖 엿장수 가위소리가 해보다는 빠른 걸음으로 걸어와서 그들 앞에 닿을 때가지, 암컷을 거느린 수탉과 암컷을 잃은 수탉이 한바탕 씩씩하게 싸우다 돌아가고. 쇠죽냄새며 시락국 냄새 배인 싱싱한 애보리밭, 검둥이와 점박이가 한창 씩씩하게 사귀어 있고.

 아직은 살아 숨쉬는 우리네 그 어느 마을.

풀리는 강가에서

저 앞산 돌산이 닳아서는 돌이 된대도
일렁이는 물살 없이 냉랭(冷冷)턴 마음결이
이 아침, 풀리는 강가에서 출렁거려 올 줄이야.

서둘러 길이 바쁜 속마음엔 아랑곳없이
미련 남아 칭얼대는 두어장 얼음짱에
발 적신 우람한 산도 하마 맑히 뜨겠네.

맑히고 돌아서는 마음결에 피가 돌아
꽃망울 두어가지 새겨 갖다 보느라니
어느새 강은 내 앞서 꽃잎 띄워 가더니라.

봄 밤

비 듣는 소리 뒤에 남아도는 소리 있어
눈이 펀뜩 뜨이면서 밝아오는 언저리로
꽃망울 벙그는 여운(餘韻) 오래 젖어 남는다.

닳아지는 목숨도 새로 피는 목숨 앞엔
매듭이 부끄러운 속살 돋는 아픔일레
돌부처 살 닳아지듯 짐짓 내가 젊는다.

기다림 내게 있어 아직은 창창하고
갈 길은 멀어 멀어 후광(後光)처럼 설레는데
합장(合掌)의 속뜻을 새겨 말씀이나 가꾼다.

푸른 날

잎새마다 새로 잠깬 명명(明明)한 흐느낌 속
마알간, 그늘 없는 푸름 속을 걷노라면
일상(日常)도 부질없어라, 살고지운 한뉘여.

눈을 열면 눈이 부셔 절로는 눈물 돌아
쬐그맣게 쬐그맣게 빛바래 고와지는
푸르러 부끄럼 없는 날, 알몸마저 겨웁느니.

귀를 열면 귀에 젖는 농울치는 파도소리.
파도소리 파도소리…… 밀리는 나울 속을
차라리 말법 따로 익히리, 다소곳 귀를 닫고.

여울에서

바다을 들내고서야 못 견디는 몸부림으로
스스로를 맞비추며 흐르는 여울에서
왼종일 핏발 고르게 떠는 물살 따라 씻기우다.

강산은 적막한 채 있는 것 다 거느리고
세월에 실리어서 피다 지다 하는 정을
몸담아 씻기우면서 나처럼은 맑는 것을.

잠 깨어 흐르고 흐르면서 잠자는
우리 목숨이 끝내는 어느 녘에 닿기로
절절히 울어지는 속내를 못내 겨워하느니.

흐르는 건 뜻 있는 건 다 그런 것이다.
스스로를 울리우는 설움도 맑는 여울에서
혼곤히 왼종일을 젖어 한시름을 맑히다.

풀밭에서

구름에도 못다 띄운 무언가 무거움을
물살 환히 지우듯 풀밭에다 부리우고
깊이에 빛을 진대로 하늘 따라 흐른다.

순간을 다스리는 지혜는 슬기롭다.
이렇게 잠시나마 자신(自身)을 잊고 보면
확실히, 산다는 것은 영원 밖의 일이다.

그냥 아무렇게나 살 수 있달지라도
풀잎 깔고 흥정한 이 보람 어찌하랴.
한 떨기 이 보람 길러 피어날 내 의지여.

과목(果木) 아래

고루 잘 익은 것 하나 가슴으로 따서 먹고
손들어 눈 가리고 과육(果肉)처럼 익느라면
나 또한 작은 열매되어 가지 끝에 겹누나.

천심(天心)에 어려도는 자릿한 날빛처럼
또는, 무덤맡에 고인 포근한 신앙처럼
모성(母性)의 과목 아래에서 넋이 새로 밝겠네.

어느 결에 육신은 다 떨리어 간 데 없고
남은 넋만 거느리고 가지 끝에 겨운채로
그 어느 손길에 맡겨 휘어지게 익는다.

자연 · 1

잎 두고 꽃도 두고 새도 불러 앉혀보고
흔들리며 가락 한 절(節) 멎으며 운시(韻詩) 한 구(句)
가지는 적막(寂寞)하여도 비는[空] 법은 없느니라.

넘치는 가지들을 휘어지게 거느리고
빛도 소리도 질서 아래 가꿔가는
나무는 어느 결에도 무심한 적 없느니라.

그 어린 나무들이 드디어는 숨겨와도
제 손으로 뿌린 씨는 제 품에 거두면서
누리는 단 한번인들 탄(歎)하는 일 없느니라.

자연 · 2

발길에 닿는 돌을 팽개치는 버릇 남아
내 마음 두레박을 강에 내린다.
내려도 내가 바라는 강심에는 못 닿는다.

길어낸 물의 임자는 내가 되지만
두레박에 묻어가선 못 오는 나의 세월
아무리 길어내어도 정작 바닥에는 못 닿는다.

지울 수 없는 의지(意志), 나는 아직 젊어 있다.
강보다 더 늙기 전 산으로나 가볼까.
뒤돌아 산을 안(案)하면, 아 나보다도 젊은 청산!

자연 · 3

바위는 물을 낳고 물은 바위를 길러
하나로 맺은 연분(緣分) 절로 된 법 아니거니
옹달샘 작은 세계를 작다 할 수 없어라.

구름이 놓일 자리 구름 한 장 띄워 놓고
없어야 할 것이 있는 법 또한 없어
옹달샘 작은 세계에서 세상 이치 보겠네.

청산 속 깊은 골에 옹달샘 하나 있어
묻히어 그 있음이 잊힌듯 미미(微微)하나
옹달샘 작은 세계 안에 잠긴 청산 보리라.

겨울 저녁

불씨만이 걸린 외등(外燈), 불빛 앓는 길목에
몇 개의 한쌍 사랑이 몸만 챙겨 입고서는
무거워 거추장스런 넋은 놓고 가버리고.

그 뒤를 두런두런 어느 시골에서 왔는가
한 떼의 나무들이 몸일랑 벗어두고
앞서 간 사랑이 남긴 넋을 입고 가버렸다.

몸 벗어 넋을 지키랴, 불씨같은 앓는 넋을.
내사 살을 부빌 사랑도 없는 길손,
가난한 어린 마음에 눈이라도 뿌려라!

겨울을 사는 나무

1
헐벗고서야 무게로운 생각의 깊이를
그 위에 가난하대도 넉넉한 속마음을
이제사 익히 깨닫네라, 벗지 않은 벗이여.

스미는 것, 울리는 것, 결에 닿는 것마다
심상(心像)마저 지울듯이 사지(四肢) 끝에 맵지만
목숨의 끝간 데에 놓인 넋 하나엔 못 닿거니.

품에 기르다간 문득 손길 밖에 버려두고
보듬다간 문득 용납(容納) 밖에 버려두는
그 큰 뜻 그 미더운 뜻 헤아리는 한철일레.

정녕 그렇네라, 우릴 낳은 큰 이는
잊은 듯이 버려둔대도 잊는 법 한번 없이
때 맞아 품에 거두느니라, 벗지 않은 벗이여.

2
고독(孤獨)보다는 한결 진한 외로움으로
눈물보다 더 가까이 잡히는 설움으로
모질게, 피나게도 모질게 어젯날을 살은 나무.

있는 것이 분명한만큼 없는 것도 분명하고
때로는 산다는 일만큼 죽음도 뚜렷하여
스스로 소스라쳐 놀라 잠깨는 적 잦는 나무.

3
'그리하여지이다' 하고 속마음에 새겨 가지면
작정한 것만큼 그리 되어지리니
그 믿음 하나면 족히 못 믿는 일 없겠네.

산다는 건 소망 하나 가꾸는 일인 것을.
그것 하나 보듬고 오는 날을 손꼽으며
그 소망 '이루어지이다' 손 닳아 아, 마음 닳아……

잠시 외진 데 놓여 잊힌 듯이 있기로
바라옵긴 다만 하나 '바랄 것이 없나이다!'
보아라, 밝는 새 날엔 금풍(金風)에 먹감으리니.

4
가지를 떠나 가버린 서운한 눈의 새들은
안 불러도 불시(不時)로 다시 찾아 깃드는데
불러도 외면하는 자여, 저바린 먼 기약이여.

5
물기 비롯한 육신에 꽃망울 돋던 때의
그 희한한 황홀보다 피에 닿는 황홀로
나무는 알몸 벗은 이제, 속잠에서 깨느니라.

여느때와 다름없는 허울 속의 어둠인데
잠깬 소망 위에 한겹 또 한겹을
꽃처럼 열리어 오는 미명(未明)녘의 빛이여.

바깥으로 향하는 설레임의 문을 닫고
안으로만 안존히 눈길을 열어 보아
빛 속에 빛으로 밝는 제 모습을 보느니.

한밤 자고 난 아침, 문득 꽃이 열리던 때의
그 황홀보다 더 부신 헬 수 없는 황홀로
나무는 비정(非情)한 이 한철을 속잠에서 깨느니라.

6
뉘 손길 아래이리요, 거스림은 부질없는
몸 벗어 차라리 슬기로운 나의 나무.
또 한번 더딘 세월의 이 겨울을 나는구나.

얼마나 아린 나날이었더뇨, 나의 나무여.
씻으면 씻을수록 허물은 더욱 짙어
죄스런 사시장천(四時長天)을 내 짝이던 나무여.

절로는 바람 속에 생겨난 몸 아니건만

잊히어서 쬐그만, 돌보는 이 없는 몸은
차거이 앓는 외로움이라 서러움도 멀더구나.

너처럼 짐짓 나도 몸을 벗고 말까부다.
몸 벗어 이 한철을 맑히 맑히 살양이면
말짱히 허물 가시랴, 아아, 세상살이 몸살이.

오죽한 바램이리요, 우리 영영 몸 벗는 날,
벗고서야 온전히 입힌 몸이 되리니
넋살이 새 뜨락에서 새 봄맞이 하리야.

제3부 저문 날에

소(沼)처럼

더위에 가위 눌리어 까닥도 않는 잠의 수렁
고여 썩어지기로 저 앞내 소처럼이라면
우리도 썩어 좋으리, 사랑하는 사람아!

한개 낡은 단청(丹靑)의 빛, 넉넉한 숲을 짓고
달뜬 연(蓮)을 떠올리어 신명(神明)에로 길을 여는
저 소는 물이 아닐레, 세월 속의 물 아닐레.

쉬 썩기 마련으로 우리는 놓였거니
설운 잠의 수렁을 온전히 깨어 이 한철을
우리도 썩어야 하리, 사랑하는 사람아!

소요산운(逍遙山韻)

호기(好奇)어린 시늉으로 눈들을 반짝이며
사랑의 말법으로 기약이나 일러주며
신록은 우릴 가리워 끊임없이 사운대고.

잎새들을 밟아가며 후드기는 소리 있어,
―가까이 더 가까이, 몸으로 더 가까이
두 잎새, 우리 가슴을 두들기는 빗소리.

가슴과 또 한 가슴의 한복판을 질러가며,
―아서라 아서라, 자국 남을 일은 아서라
바람은 우릴 갈라 세워 놓지 않고 흔들고.

바람을 거느리며 씻어가는 소리 있어,
―미치거라, 죄인이거라, 미쳐서 죄인 아니거라
두 바람, 우리 숨결을 씻어가는 물소리.

사운대는 잎새소리, 아니, 후드기는 빗소리
흔들고 가는 바람소리, 아니, 씻어가는 물소리

곰곰이 다시 귀녀기면 우리 둘의 속소리ㄴ데.

산(山), 그도 마침내는 맘살앓이 몸살이라
—너희 같은 아픈 걸음은 없었을라, 또 없을라!
이마에 주름살켜곤 돌아누워 울더니라.

목소리

햇살 물고 조으는 으능잎 한 잎 두 잎
으능잎 잎새마다 왁자한 어린 목소리
하늘 땅 그득히 고인 금빛 노란 목소리.

그 어린 목소리 속에 한가닥 내 목소리
그 어린 목소리 속에 한가닥 님의 목소리
머슴애 가시내적의 카랑한 두 목소리.

마침내 속절없이 여위는 햇살 올올
햇살에 빨려드는 목소리 한 잎 두 잎
님과 나, 한쌍 으능잎, 영겁(永劫) 속의 두 목소리.

강변사연(江邊詞緣)

모래알도 물이끼도 그걸 가꾸는 볕살도
끼리 끼리 어우러져 질펀히 반짝이어
강가엔 강도 많대나, 물끼리만 굳이 강이랴.

너랑 나랑 온전히 끼리로만 어우러져
서로를 반짝이고 맞비추면 이 강가,
우리도 흘러 강이리, 날로 새로 영원하는.

모래알에 끼어도 보고 볕살 속을 흘러도 보고
마음에 배도 띄워 짐짓 강따라 흔들려도
한(恨)일레, 혼자로서는 강 못되는 외로움!

상계동* 시(上溪洞 詩)

가리울 부끄럼도
숨겨 지닐 낙도 없는
삼동에도 아니 죽는
들꽃들이 사는 마을에
처마끝 수정(水晶) 고드름마다
이 시린 환한 가난.

바람도 눈도 많고
그 위에 볕살도 많아
닫은 방에 그득히
넘치느니 굽이 강물
그 다만 보내로운 건
다락같은 우리 사랑!

별만큼 많은 낱수로
외로움이 뜨는 밤은
바깥 먼 세상이여,
안의 우리 세월이여.

노래로 삭히느라면
미움도 먼 사랑이던걸.

잊히운 들꽃들 속에
쬐그맣게 숨어 살아
패랭이꽃만한
소망 하나 가꾸면서
이마만 맞대어도 우린
간지러운 석류알알!

나는 말이 되고
너는 고삐를 잡아
귀염둥이 하나쯤 얻어
등위에 실어 태워
저무는 저 하늘 밖의
저 별 따러 나설까.

* 상계동(上溪洞) : 서울 도봉산(道峰山) 기슭의 한 마을. 한때 난민들이 모여 살았었다.

저문 날에

나 하나 뫼로구나,
너 없는 하늘 땅 사이.

일월(日月) 가고 바람 자고
노을도 흘러 바닥 나고

눈 한번 감았다 뜨면
이마 위에 별 하나.

뫼 하나 외롬인데
그 위에 별 하나 두어

미치게 잘 미치게
누가 나를 여기 세워

너 없는 이 하늘 땅을
지켜 서라 하느뇨.

개나리꽃 지는 날에

잠시 머물었다 개나리는 길 떠나고
머문 자리마다에 상기 노오란 꽃물 어리어
그 한번 목숨의 뒷자취를 밝히도 남기느니.

빛깔과 빛깔만의 꽃의 환한 미소 위에
그득한 모습으로 네가 피어 믿음일러니
꽃 가고 꽃따라 너도 가고 나만 밝히 남았어라.

밝히 남긴 자취마다 잎을 피워 채우면서
세월은 또 한번을 자리 옮겨 번지는데
너 남긴 아픈 자국은 무얼 불러 채운단 말가.

목련

우리 사랑을 익후던
마당귀 담장 가에
한그루 목련이
문득 아침을 밝히더니
오늘은 또 그 가지에
봉곳이 꽃이 열렸다.

우리 앞서 뉘 한쌍이
묻어두고 간 걸까.
빗나간 어느 뉘
사랑 한쌍 인연이
이제야 철늦게 잘못
피어나는 말씀일까.

아니야, 어느 제인가,
네 몸살 앓던 한밤에
너의 끓는 체온과
나의 훗한 숨결로

이승의 마지막 푯대로
심어둔 기약인걸.

정말은 저건 항시
우리 곁에 살아 왔고
세상이 우리 무릎 아래
반짝이던 그 훗날
쉽사리 그런 기약쯤은
넉넉히 잊고 살아……

참, 예삿일 아닌 오늘,
네가 피는 꽃송이에
새 한 마리 울음을
놓고 가나 했더니
뒤이어 그 꽃 가장자리에
내가 열려 잎이네.

봄 산조(散調)

휘느린 실버들의 아린 내 몸뚱아리에
하느적 하느적 실바람으로 나부껴 와
흔들어 내 흐느낌 위에 흐느낌을 수놓는 너.

피리 한 가락을 휘어지게 실어 타랴?
넘치는 사무침일래도 네 화운(和韻)은 정히 멀어
그을어 부푼 살결엔 날로 부스럼만 짙어라.

어여쁜 이여, 시절이 인연에도 강을 놓아
광명으로 앞 가리워 머리 풀어 헤픈 낮을
너 불러 하냥 이대로 휘늘어져 있을까.

오월 아침

아, 놀라워라, 한밤의 심연(深淵)에서 연(蓮)이 뜨듯
퉁겨 올라 서늘한 속눈썹을 섬벅거리며
몸채로 호심(湖心) 흔들리듯 일렁이어 오는 잎새!

만면(滿面)에 나래 갓 펴는 짜한 햇살 떠받들고
발 아래 젖빛 도는 한줌 흙젖 거느리고
싱싱히 물끼 돋히며 새날 받들어 서느니.

다쳐서는 안되리, 모질게도 참아 견뎌
슬기 가꿔 보람 피운 저 어린 것들의 지순(至純)함을.
사랑이 그쯤 안된대서야 말 아니리, 아씨야!

탓 많고 까닭 많아 잠 못드는 내 뜨락에
아, 놀라워라, 네 낱낱이 되살아 오는 아침,
마치도 네게 접순(接脣)하듯 이 느꺼움을 새긴다.

적(寂)

감은 눈 속
님의 길은

빤히 열린
외오솔길.

날 오라
손짓하고

만월(滿月) 하나
걸어놓고

눈 뜨자
못 미칠
적적(寂寂),

빈
들판의
휘파람.

귀뚜라미

달여울 흥건하여
흘러 이미 강인데
짝 불러 애가 잦는
네 울음도 강일러니
이 밤도
어이 건느랴,
밤길 물길 구만리!

울음이 반짝이는
강나루에 시름 걸고
실실이 네 넋에 실어
나도 우느니, 귀뚜리여
못 건널
강 하나 두고
짝을 우는 너와 나!

사랑은 만월처럼

사랑은 만월처럼, 목숨은 여린 현(絃)처럼.
현 위에 걸린 만월, 삶은 그리 고달퍼서
네 눈에 애잦던 놀빛, 내 빈 손에 타던 놀빛!

또 한번 저무는 일륜(日輪), 옷깃에 추위드는
때 맞아 이 철이면 내 발길은 들레이고
저만치 어여쁜 등심(燈心), 바람 속에 피는 너.

병일다! 너를 지우고도 버릇 하나 못 지워서
하늘길 사방에도 머리 둘 곳 없는 나는
호곡(呼哭)할 마련도 없이 서리 묻은 외기러기.

제4부 황국집

질경이

하릴없이 질경질경 질경이나 씹노니,
달포째 가뭄 타는 노래밭도 버려두고
경영이 죄다 부질없어 허리춤을 헤뜨리고.

잃은 입맛 돌이키는 오오, 내 미각의 시경(詩經).
진한 풀물 위에 뜨는 눈자윗놀을 본다.
부황든 땅을 일구는 물소리를 듣는다.

모질고 질겨야 하리, 더 질겨야 하리, 질경이여.
솔기 없는 살을 입어 천한 그만큼 우리는.
말 없어 아우성이 클사 입이 많은 우리는.

봄 묘지

바람도 여기 와서는
스스로의 울타리를 친다.

울타리 속
선택된 자유.
울타리 속
충실한 주정(酒精).

바람도 여기 와서는
한 무더기씩
봉분(封墳)을 한다.

버들꽃

부시어 허망한 날
눈시울 덮히는 것이여.

지엄(至嚴)한 하늘 눈초리
하얀 눈흘김으로 사태져

어르고 달래며 어지러이
매질하는 버들꽃!

숲 · 언어 · 행간(行間)

풀섶은 풀섶끼리
키 낮은 바람 쐬며
나무숲은 그들끼리
키 큰 바람 맞으며
저마다
제 분수에 맞게
엎어지며 자빠지며.

너와 나 어깨 겯고
맞는 바람 속말 바람.
너와 나 어깨 풀고
흘린 바람 겉말 바람.
우리는
또 우리 분에 맞게
넘어지며 일어서며.

숲끼리 건네는 말이
우리께로 옮아와서

언뜻언뜻 내비치는
행간도 읽는 밤을
뜨거운
귀엣말로써
울며 쏟는 선지피.

야행(夜行)

밤과 밤을 건너 뛰어
다다른 곳도 밤일레.
그나마 홀로라야
알마춤한 징검다리.
붙박이
외별 하나를
지팡이 삼아 걷느니.

빛의 사슬에 묶이어
주저앉아 새우는 낮.
부르면 이내 대답는
맞기슭은 빠안하고
이녘엔
거룻배도 한 척
흔들려 매어 있건만.

메아리

아직 살아 있었네,
고향 뒷산 그 메아리.
앳된채 뼈가 굵어
쩌릉해라, 푸르청청(靑靑),
덜깬 술
새벽 머리맡에
깃을 치는 산새여.

잃은 나는 까마득히
고향 뒷산에 묻혔는데
날[生]바람 생금(生金)볕살
부리로 쪼아 와서
무덤 속
더딘 내 아침을
파헤뜨려 우짖어라.

안개 아침
―경칩(驚蟄) 무렵·2

문득 안개를 불러와
녹녹한 하루 아침,
묵은 기침을 떨고
안개 속에 풀려 놓이다.
문법(文法)도
흐트려 깨고
언 삭신을 터뜨리며.

빈 손아귀에 그득한
허허로움의 이 풍요(豊饒).
뒷덜미 무게로운
지필묵(紙筆墨)도 버려두고
잘 깨인
가난이 맛보는
넉넉한 이 서권기(書卷氣).

내린 쳇증따라
팽팽히 부푼 실핏줄.

또렷한 맥박에 실려
살점을 우벼드는,
열차여
넋을 길어 닫는
총명한 기적(汽笛)이여.

채색(彩色)
―경칩(驚蟄) 무렵·3

기 죽은 칼날 바람 속
몇 가닥 무딘 바람.
아직은 시린 살갗에
지레 스민 훗한 바람.
코끝을
건듯 스치는
냉이향이 매운 때를……

솟구칠 데는 있어도
하늘은 매양 멀더니,
굳은 땅을 풀어 헤쳐
아지랑이를 끓이다가
휘파람
휘파람 불어
하늘 물어 내리는 새.

이 봄에사말고
띠집 한 채 지어서는

짐짓 웅크려 앉아
진국이나 맛볼거나.
지금쯤
저 동산(東山) 보루쇠도
진에 채색(彩色) 서둘리니.

꿈자리
−경칩(驚蟄) 무렵 · 4

머리맡에 떠돌던 잠
꿈도 수월찮더니
한바탕 엮은 잠에
농익은 한자리 꿈.
달고도
깊기 죽음처럼
진실ㅎ기도 죽음처럼.

잠과 꿈 사귀기가
그리 어렵지만 않았어도
한 삼동(三冬)을 나는
추위 덜 탔으련만,
홀연히
잊힌 버릇 되살듯
잘도 사귀는 잠과 꿈.

아아, 베푼 왕국 어진 백성
말씀 위에 해가 뜨는

꿈이여, 해박(該博)한 꿈
당당해서 탈도 많은,
굴러든
되[升]의 잠 속에
깃들이는 말[斗]의 꿈.

난 삼제(蘭 三題)

씨그늘 헹궈내는 이내[嵐]를 타고 앉아
한자락 사향(麝香)내로 풀어내는 청명 아침.
거듭난 진솔을 입어 페비치는 속살이여.
  －산란(山蘭)

겨운 한낮의 무게를 네가 홀로 버티누나.
꾀꼬리 황금 볕살 뻐꾸기 푸른 바람
이 안분(安分), 이 천냥 빛도 네가 탕감하누니.
  －야란(野蘭)

눈 맞출 별도 잃은 등신인 나를 깨워
물소리 제 본향(本鄕)으로 밤길 환히 열어놓고
우선은 말귀를 새길 귀나 씻고 살자 한다.
  －석란(石蘭)

하지(夏至)

무직한 더위 먹고 하얗게 누운 바위
피울음 피울음 자국 어룽진 피의 자국
다시는 살붙이로는 못 올
반편짜리 넋들일레.

봄 한철도 모자라 한 여름이 또 세도록
밤마다 내 수잠 머리맡에 흥건히 괴던 그것.
이제는 한물 간 그 두견(杜鵑)따라
나도 세어 하얗나니.

까무라친 대낮 베고 칭얼대는 늙은 바위
옹근채 되살아나 영그는 피의 사리(舍利)
두려운 내 그림자처럼
마름질로도 못펼레.

밤 삼각산운(三角山韻)

헤픈 안개 마시고 귀한 목기(木氣) 뱉아 놓는,
조각달을 쪼개어서 별빛에 보석 박는
이 밤도 한갓 그 버릇을 살찌우는 삼각산.

그의 한 식객(食客)으로 목기나 축내면서
그 슬하에 엎디어 몰래 별빛 따내리며
주눅든 노래를 깨워 불여귀(不如歸)로 우는 나.

아닌체 먼눈 팔던 고개 문득 떨구고는,
내 울음에 봉분(封墳)하여 살붙이로 거두고는
이밤사 잠깬 호수만큼 주름 깊은 삼각산.

벼메뚜기

시름시름 다다르니
실속 앓는 가을 중턱.
입 벌린 아람인양
상채기도 그러안고
들녘은 활짝 품을 열어
허기진 나를 맞더니라.

오, 황금 불티 황금 불티 튕겨오르는 불티여.
투명 공간을 깨뜨리며 허(虛)한 데를 가로질러
천연(天然)한 빛과 냄새로 뛰어드는 벼메뚜기.

단 한철을 살망정 기려운 게 없어서
벼메뚜기, 넌 토실히 살이 올라 있다만
잠 깊고 입맛을 잃어 나는 이리 말랐어라.

사투리마저 까맣게 잊고 사는 사람에겐
벼메뚜기! 너만큼 반가운 손[客]도 드물라.
아직도 덜깬 잠의 나를 불침 놓아 깨우는 너.

죄값이 병(病)이더니
내가 용서받는구나.
황금 불티 황금 불티
한 마리 메뚜기로
이제금 굴레를 벗고
노닐면서 익는 나.

낙과(落果)

죄짓고 몸살날 때면
나를 묻어버렸었다.
깝신 죽고 되살기를
하루에도 몇 번씩을.
한 십년
그 짓거리 했으니
이젠 아주 잠들까.

채비를 서두르느라
냉혈(冷血)비도 데려온 밤
문득 소용돌이소(沼)로
뛰어드는 것이 있다.
아서라,
허튼 수작 말라며
정수리를 치는 낙과!

가을 산문(山門)

시린 물빛을 밀치고 산문을 들어선다.
단풍열(熱)에 갇혀 있다 놓여나는 산의 숨결.
쇳가루 쇳내에 절인 내 숨통도 트인다.

그 품을 깨치고 나와 그 품안에 스밈이여.
이마도 짚어보고 팔다리도 주무르며
내 맥박 둘레를 지켜 눈시울이 붉는 산.

행락(行樂)에 젖기 앞서 뜨물든 몸을 딛고
한마당 소리 엮으려 신명잡힌 넋이 있어
사슴열(熱)* 수사슴열이듯 깃을 떨며 우놋다.

* 사슴열(熱) : 이른바 'Stag Fever'라는 것. 사슴 사냥을 할 때, 이 사슴
  열에 걸리면 무엇에 잔뜩 씐 듯 온몸을 부들부들 떨며 사냥 의욕을
  잃어버린다고 한다.

황국집(黃菊集)

어제는 하늘 곳간이 빤히 문열려 뵈더니,
오늘은 그 안의 보화(寶貨)가 속눈썹에 낚이운다.
황국에 포개어앉아 설레이며 두근대며……

　　　　　　　　*

제 것 하늘에 쌓고 궁거운 땅의 나와
하늘 것 훔쳐내려 땅의 것 삼는 황국.
나보다 먼저 깨어서는 나팔소리 맞는 이여.

　　　　　　　　*

잡귀는 아예 발 못 붙일 차고 넘치는 풍수 명당.
속살 꿰비치는 황국 영지(影池)에 멱감으며
하늘도 스스럼없이 거풀 허물 벗는다.

　　　　　　　　*

새끼 귀여운 맛 안 뒤론 사랑눈도 개명(開明)해서
실명(失名)의 풀포기도 내가 치는 식솔이라
내 혈속(血屬) 복판에 와 사리는 오, 한아름 나의 황국!

이웃들의 부황도 내 지병(持病)인 황달도
그 웃물만 걷어내면 저 황국빛에 못 미치랴.
병이란 것도 선(善)이라커니, 잘 앓고나 볼 일이다.

*

몸으로 감당하기 어려운 일이 날로 늘어난다.
한번 금이 간 몸은 걷잡지 못하겠다.
황국철 이 한때만은 때울 수도 있지만.

*

까짓것! 겉맘으론 수월히 접을 일도
속맘으론 좀체 좀체 당키 어려운 자투리.
황국 앞 손모아 서니, 소지(燒紙)인듯 자연(紫煙)인듯.

*

내 눈과 마주치는 순간 소스라쳐 환한 그대.
그대 활짝 핀 웃음결에 돌이키는 나의 표정.
만개(滿開)한 우리 슬하에서 그늘기를 걷는 누리.

　　　　　　　　＊

　그대에게만은 내가 법(法)이 못되랴, 지존(至尊)쯤.
　더불어 한세상을, 철 타지 않는 한뉘를.
　그 한갓 사랑법이야 왜 못되리, 지존쯤.

　힘겨이 혼자 누림은 사람에게나 있는 법을.
　제 하나 품기 아까운 것 고루 이웃에 끼치는
　천지간 상전(上典)인 황국이여, 오 매질하라, 비정(非情)을!

　　　　　　　　＊

　황국에 귀녀기면 거문고 저문 가락.
　파리한 달빛 잠긴 결고른 부연(附椽)살에
　나긋한 적요(寂寥) 창공을 풀어 번지던 그 옛 가락.

　　　　　　　　＊

　불사르고 흙에 묻고 물에 벌에 버린 살들.

손수건에 젖은 한숨, 손짓에 물든 눈물.
살 탓에 살 섞은 죄랑 함원(含怨)도 말짱히 씻겨가거라.

*

허리 꺾인 환갑이 넘도록, 이날 이때토록
빚 빚 빚 빚투성이. 정(情)에 의(義)에 사랑에 두루두루 빚. 빚 위에 빚, 홑빚이 겹빚 되고. 우러르는 눈시울에 자꾸 부끄럼살이 끼고, 굽어보는 허리가 뜻을 거역하니, 어허! 살아온 세월만큼 몽땅 빚이라. 어버이가 끼친 모발(毛髮) 하나 함부로이 할 수 없음인데, 마침내는 몸 하나 제대로 간수 못한 빚. 요맛적은 저 황국식구들에까지.
몰라라, 파장머리 손을 털고 빚잔치나 할꺼이나.

*

구름 흐르던 골에 이 시리게 잠긴 물빛.
너 더불어 섰던 영(嶺)에 철새 깃 스치는 소리.
남겨 둔 우리 체온 몇 점, 살오른 황국무더기.
  −사랑 노래 · 1

*

한 송이 코에 맛보곤 그대 내게 혼잣말로,
―원(願)이라면 죽어 우리도 저 황국이 안될라구!
아무렴, 그리 되어지고, 한날 한시 함께라면.
― 사랑 노래 · 2

*

황국이 열어간 길, 그 끝간 막바지에
안식(安息)할 내 자리가 환히 틔어 보인다.
내 남길 옛말거리랑 함께 묻어 삭힐 품안.

*

믿는다, 내 임종을 네가 지켜줄 것을.
거덜난 내 넋의 깜냥도 네가 채워주리란 걸.
네 선종(善終) 거듭되는 내 생전을 어이 견뎌 흘릴꼬

해설

『사슴』에서 『황국』까지

이 문 재
시인

　일찍이 짧은 시에 대한 갈증이 깊었다. 깊고 오래된 갈증. 두 가지 이유가 있었다. 하나는 시대 탓, 또 하나는 나의 모자라는 능력 탓……. 박정희 시대와 더불어, 소년기부터 세뇌 당하듯 몸에 익혀온 이 시대, 현대는, 과거로부터 등돌린 채 오직 미래로만 달려야 했던-지금이라고 달라진 것은 전혀 없지만-광기의 시대였다. 자주 지적되거니와, 이 시대는 산문성으로 현란한 것이어서 짧은 시를 인정조차 하지 않으려 했다. 짧은 시는 '무기'가 되지 못한다! 짧은 시, 정형시에 대한 문학사회학적 판결이 시조에 대한 나의 생래적 그리움을 차단시켜버렸다.
　무능력자에게, 그 무능을 덮어주는 사회적 분위기가 있다는 것은 남모르게 피우는 바람처럼 짜릿했다. 이십여 년 전 등단한 이래, 줄곧 짧은 시에 대한 무능력을 나는 위와

같은 시대정신으로 포장할 수 있었다. 그러나 무능함은 무기가 되지 못했으니, 무능으로 세상과 정면할 수는 없었다. 세상이 무서운 것은, 호시탐탐 개인의 무능과 부도덕을 감시하고 폭로하기 때문이리라. 최근 '현대시조 100인선'과 마주하면서, 나는 20년 넘게 숨겨온 시조에 대한 갈증과 무능을 새삼 확인하게 되었다. 그것은 병역 미필자가 갖고 있을 떳떳지 못함 같은 것이었다.

선집은 전집의 정수이다. 한 시인의 시적 생애는 선집에서 압축되고, 압축되어 빛난다. 박경용의 현대시조는 크게 보아 두 가지를 그림을 그리게 한다. 하나는 자연의 순환 질서. 겨울(「도약」의 설경)에서 시작해 가을(「황국」)에서 끝나는데, 이같은 자연의 시간은 단박에 순환성을 환기한다. 이 순환성은 또 단박에 생태계를 위기의 끝으로 몰고 가는 산업문명의 대안의 하나로 떠오른다.

박경용의 시들은 저러한 자연의 순환 질서를 커다란 축으로 삼고 '한 소절의 언어'를 포획하고자 하는 시적 결기에서 출발한다. 이 결기는 「도약」에서 겨울과 해돋이의 이미지로 압축되어 있는데, 이 투철한 언어에의 각오는 신록(봄)을 지나 성숙에 이르고, 죽음에 대한 독특한 추체험을 거쳐 깊은 가을날 '황국'에서 일단 대미를 이룬다. 그러나 이 두 개의 큰 그림은 결국 하나이다. 그것은 태어나서 죽을 수밖에 없는 시적 자아의 실존적 개인사의 여정이다.

이같은 독후감은, 이 선집의 배열이 연대순으로 이루어졌다는 가정에서 비롯하는데, 간간이 생물학적 나이를 추정할 수 있는 시귀가 곳곳에 배치되어 있는 것이다.

초기시는 시인의 도저한 세계 창조 욕구를 내장하고 있다. 그것은 언어가 곧 세계이다, 라는 근원적이고 본질적인 인식의 소산으로 보인다. '설경 한 폭 치려니 백지장이 곧 눈벌이다'라는 「도약」의 첫연에서부터 시와 시인의 세계 내 좌표가 설정되어 있다. 언어와 시/ 시인은 '백지장'으로 은유되는 세계 위에다 먹을 치는 자, 다시말해 세계를 창조하는 존재이다. 이 도저한 자기 인식은 초기시에서 지배적이다.

"붓방아만 찧다가 하릴없이 점 하나 찍다./ 우련한 미명(未明)을 깨쳐 태어난 한 마리 사슴!" 이 사슴은 시적 자아이자, 시적 자아가 헤쳐 나가야 할 시적 생애의 의인화이다. 언어의 은유! 하얀 눈 벌판은, 맑은 영혼의 이미지가 강한 사슴과 상승작용을 일으키며, 이 탄생의 도덕성과 당위성을 부여한다. 사슴―처음 태어난 언어는 모든 순결한 것들과 만난다. 그리하여 첫 발자국은 조신하고 당당하다. 이 세계 창조는 곧 생명의 사슬을 예비한다. 낡고 텅빈 것들, 즉 무생명들에게 생명을 부여한다. 번식하는 것이다. '쉰 껍질의 빈 낱말'에 사슴('씨')이 깃드는데, 아픔이 있다. 생명은 음과 양이 만나는 아픔에서 시작해, 음과 양(혼과 백)이 헤어지는 아픔에서 일단 끝맺는다. 하지만 아직은,

지금은 탄생의 아침. 「도약」은 막 탄생한 시인의 출사표이고, 막 탄생한 시인이 부리는 언어(사슴)의 출정가이다.
 "갓 돋은 새 태양을/ 음전한 뿔 위에 걸고 솟구쳐 닫는 내 사슴!"
 사슴은 십장생을 제 식구들고 삼고 '해돋이 내 본향'으로 전진한다. 언어를 통해 새로운 세계를 창조하겠다는 시인의 의지와 각오는 「광명」에 이르러 육체성을 얻는다. 이 시에서 사슴은 '나'로 치환되어 있다. '내 손'에서 풀려나는 색실 한 타래가 햇빛과 다르지 않다. 시인은 아직 도저하다. 세계와 시 혹은 시인은 대등하다. 종속관계, 지배관계가 아니다. 광명은 시인의 실타래와 태양이 풀어놓은 '색실 사태'와 어우러져야만 가능한 것. 이 빛의 잔치는 '버려진 사금파리에조차 화관으로 얹'힐만큼 강력하고 강렬하다.
 그러나 이 「광명」은 시의 전환을 예고한다. 이 세계와 맞서, 세계와 손잡고 세계를 부활시켰지만, 몸과 넋을 묶은 줄이 보이지 않는 사태와 마주치는 것이다. 온누리에 충만했던 색실들은 오간데 없고 '색실 오라기만 목숨결에 아리'는 것이다. 첫 태양을 뿔에 건 숫사슴의 세계 창조와 세계 진입은 차츰 현실과 부딪히면서 '타협'한다. 시는 농익거나 썩는 식물성 이미지를 불러들이고, 무덤과 죽음의 이미지를 동반한다.
 농익음과 썩음은, 성숙의 다른 이름인 치열한 사랑의

장면들과 멀지 않거니와, 이 연가들에서 박경용의 시는 감각이 곧 감동의 질료임을 새삼 증명하고 있다. 사랑하는 이들의 비릿한 비유로 신록을 사용한 「소요산운」은 "바람을 거느리며 씻어가는 소리 있어,/ －미치거라, 죄인이거라, 미쳐서 죄인 아니거라/ 두 바람, 우리 숨결을 씻어가는 물소리"라는 절창을 빚어낸다. 사랑의 눈멂으로부터 한 걸음 비켜서서, 사랑으로 몸살하는 젊은 것들을 애닮아 하는 목소리는 연인과 자연(산) 사이의 경계까지 허문다. 후술하겠지만, 인간과 자연 사이의 경계를 무너뜨리는 이 세계관은 생명의 위기를 타개하는 유효한 인식이다.

시인의 감각은 빛깔과 색깔, 소리를 공감각적으로 구사하는데 있어 빼어나다. 눈에 띄는 대로 골라보자. "능금알 만한 해를 아침 길에 받들었더니"(「귀로」) "자정에 싹이 돋아 무성토록 자란 내 귀"(「제비」) "갓난 아기 울음으로 웃음 맺는 꽃들이여"(「재생」) "석류(石榴)네 한쌍 사랑도 마주/ 문을 열고 앉는다"(「우거한일」) "으능잎 잎새마다 왁자한 어린 목소리"(「목소리」) 등 서로 무관한 이미지를 충돌시켜 거기에서 이미지의 스팩트럼을 분사하는 것이다. 능금과 해, 싹과 귀, 갓난 아기와 꽃, 석류와 연인 등 현실 속에서는 아무런 연관도 갖지 않는 사물들이 시인의 눈에 의해 결연되는 것인데, 비유하는 것과 비유되어지는 것들이 만나 전혀 새로운 이미지를 태어나게 한다. 이와같이 이미지가 태어나는 자리가 시의 본래 자리이다.

진면목이다.

해돋이를 뿔에 걸고 첫 발자국을 찍으며 세상 속으로 나아간 숫사슴은 「소처럼」에서 일대 전환을 맞거니와, '썩는 사랑'의 국면에 도달한다. 식물이거나 동물이거나 목숨을 부여받은 생명은 썩음을 대전제로 한다. 태어나면서 죽음도 함께 자라나, 죽음은 생명을 다시 자연의 질서 속으로 거두어 들인다. 죽음은 생명이다. 죽음이 없는 생명은 생명이 아닌 것이다. 인류를 절멸의 위기로 몰아가고 있는 이 환경/ 생태의 위기는 썩지 않음과 그리하여 죽지 않음이 한 본질이다. 순환성의 회복, 다시, 기꺼이 순환 질서 안으로 돌아가는 길이 인류에게 주어진 절체절명의 의무이다. 박경용의 시들은 개별적으로, 그리고 전체적으로 저 순환 구조를 말하고 있는 것이다. 짐짓 에둘러서.

순환 질서에서 썩음은 새로운 생명을 위한 자궁이다. 석류로 대표되는 농익음은 젊음의 절정일 따름이다. 절정은 순간적이어서 절정이다. 숨가쁘지 않은 절정은 절정이 아니다. 절정을 통과한 그의 시는 성(聖)에서 속(俗)으로 나아간다. 그것은 세계를 창조하던 열혈 시인에서 구체적인 생활에서 일탈할 수 없는 실존으로 낮아지는 과정이지만, 시인은 이내 그 속(俗)을 끌어안고 일어선다. "나는 말이 되고 너는 고삐를 잡"(「상계동 시」)는 사태는 시인의 가장 낮은 자리이다.

시 「적(寂)」은 시인의 시 세계 전반을 이전과 이후로 가르는 하나의 분기점이다.

>감은 눈 속
>님의 길은
>
>빤히 열린
>외오솔길.
>
>날 오라
>손짓하고
>
>만월(滿月) 하나
>걸어놓고
>
>눈 뜨자
>못 미칠
>적적(寂寂),
>
>빈
>들판의
>휘파람

>―「적(寂)」 전문

이 시는 눈 한번 감았다가 뜬, 한 찰라를 그리고 있지만, 눈 한 번 감고 뜨기가 얼마나 엄청난 세계의 변화의 경계인 것인지를 여실하게 보여준다. 눈 감고, 눈 뜨기의 경계는 우선 밤과 낮으로 읽히고, 나아가 생과 사, 사와 생으로 무장무장 확대된다. 달리 말하자면 사랑 이전/ 이후거나 사랑 이후/ 그후이다.

눈을 감으면 님이 떠오른다. 떠올라서 '빤히' 보인다. 선택의 여지가 없다. 마음의 길항, 갈등, 주저함, 안타까움, 망설임 따위가 없다. 이때 '나'와 '님' 사이는 직통이다. 그러나 그 직통에는 멋스러움이 있으니, 그냥 오라고 하는 것이 아니다. 님은 배려가 깊어서—목마른 나그네가 마실 물에 버들잎을 띄워놓듯이, 한숨 쉬며 오라고 한다. 한눈을 팔며 오라고 한다. "날오라/ 손짓하고// 만월 하나 걸어놓"은 것이다. 오라는 님의 애타함을 모르는 바 아닌데, 오라는 님은 애써 하늘에 달을 걸어놓은 것이다. 걸어놓지 않았다면, 만월으로 그득한 밤을 골랐으리니. 님이 '나'를 사랑하는 방식은 우주적으로 크낙한 것이면서도, 이토록 섬세한 것이었다. 이런 지경을 일러 멋이라고 말하는 것이 아닐 것인가. 이런 지경을 일러 아름다움이라고 말하지 않는다면 아름다움은 도대체 어디에 있는 것인지 도무지 알 도리가 없다.

부르는 님이나, 부름을 받고 가는 '나'나 날[生]것이지 않다. 상스럽지 않다. 직접적이지 않다. 보름달을 매개로 하여, 서로 어색하고, 낯설고, 계면쩍은 것을 보름달에 핑

계대라고 한다―대문 앞에서 짐짓 '이리오너라' 누가 왔다고 여쭈어라, 라는 간접화법을 사용하던 선인들의 미덕―이 여기에 살아 있다.

하지만 만월이 이 시에서 이런 세속적인 기능만 하는 것은 아니다. 만월은, 꽉참이다. 만월은 이지러지기 마련이다. 나를 부르는 님과 그 부름에 응하는 나는, 이 만나기 직전으로 만월인 것이어서, 만일 이 만남이 이루어진다면, 아마 서로 실망했으리라, 사랑은 실패했으리라. 사랑은 이지러졌으리라. 꿈 속에서 완벽한 사랑은 현실에서는 불가능한 사랑이거늘. 눈 감고 이루어진 사랑의 절망은 눈뜨면 그만이라는 것이다. 눈뜨기 싫어서, 눈뜨면 죽을 것 같아서, 눈감고 애타하는 사랑. 이 사랑의 비유가 만월이다. 만월은, 만월인 순간 이지러진다. 하현의 시작이다. 이것이 사랑의 질서이다.

그리하여, 님이 걸어놓은 만월을 정면하지 못하고 눈뜨는데, 삶은, 살아있음은, 홀로 그리워함은 이미 적적해 있던 것이다. 이 적적함 가운데에서 눈을 감았을 것이니, 눈뜨고 보니 새삼 빈 들판이 휑하니 다가왔을 것이다. '빈 들판의 휘파람'은, 꿈 속에서 님의 부름을 받고 허둥댔던 '나'의 계면쩍음이 아닐 것인가. 만일 그것이 아니라면, 님과 나를 '중매'섰던 이 세계의 비밀이 흘낏 내보내는 생의 비밀인지도 모르는 것이다.

「적」은 박경용 시의 전반과 후반을 나누는 치열한 '하프 타임'이다. 이 시를 지나 그의 시는 이른바 선풍(禪風)을 노골화한다. 이 선기(禪氣)는 그의 시의 한 일단락이지만, 시조가 현대시조라고 불리워질 수 있는 근거이자 명분이다. 선(禪)은 단박이다. 좌우지간이 아니다. 우여곡절이 아니다. 알리바이가 아니다. 산문성이 아니다. 돈오(頓悟)는 쾌도난마다. 단칼에 베어버려, 사태의 핵심, 사물의 본질, 인간의 본성에 착륙하는 것이다. 이 삼엄한 사태, 아직 미래형인 이 장면이 현대시조가 도달해야 할 한 목적지이다.

"옹달샘 작은 세계 안에 잠긴 청산 보리라"(「자연·3」) "두레박에 묻어가선 못 오는 나의 세월"(「자연·2」) "붙박이/ 외별 하나를/ 지팡이 삼아 걷느니"(「야행」) "아서라,/ 허튼 수작 말라며/ 정수리를 치는 낙과!"(「낙과」)와 같은 시구는 서늘한 상근기(上根氣)가 아닐 수 없다. 이 상근기에서 인류가 단 한 사람의 예외도 없이 마주치고 있는 멸종 위기의 비상구를 궁구할 수 있다. 옹달샘, 두레박, 외별, 낙과. 이 뜬금없는 사물들이 어이 홀로 존재할 수 있다는 말인가. 박경용의 시는 직접적으로 생명의 문제를 거론하고 있지 않지만, 그 행간에는 생명에 대한 절망과 희망이 혼재해 있다. 옹달샘에 세계가 있다면, 두레박에 세월이 있다면, 외별이 지팡이라면, 낙과가 정수리를 친다면, 모든 것이 한 형제로 네크워크를 이루고 있는 지구 생명을 감히 외면할 수 없을 터이다.

해돋이를 뿔에 걸고 세상으로 달려나간 사슴은, 세상을 창조해야 한다는 '메시아 콤플렉스'에 시달리다가 자연의 시계, 즉 순환 질서를 긍정하고, 낮은 자리로 내려간다. 그 자리에서 농익음은 썩음을 거쳐야만 순환질서에 순응한다는 순리를 깨닫고 세계의 휘파람 소리를 듣는다. 그리하여 '무덤맡에 고인 포근한 신앙처럼' 식물성과 모성을 결합하여 대궁정에 이르는 것이다. 이 대궁정이 '자연'을 노래할 수 있게 한다. 「자연·1」에서 확인할 수 있듯이 적적함, 텅 빔[空], 무심함이 빈틈없는 생명의 신랄함이라는 것을 보여주는 것이다. 그리하여 「메아리」는 전생과 이승, 후생을 아우르는 순환질서의 빼어난 비유로 읽히는 것이다.

> 아직 살아 있었네,
> 고향 뒷산 그 메아리.
> 앳된 채 뼈가 굵어
> 쩌릉해라, 푸르청청,
> 덜깬 술
> 새벽 머리맡에
> 깃을 치는 산새여.
>
> 잃은 나는 까마득히
> 고향 뒷산에 묻혔는데
> 날바람 생금(生金)볕살

부리로 쪼아 와서

무덤 속

더딘 내 아침을

파헤뜨려 우짖어라

-「메아리」 전문

우리들 이승에서 내뱉은 모든 말들 메아리가 되어 무덤 앞에 자욱할 터. 우리들 '더딘 아침'을 쪼아대는 산새는, 다름아닌 우리들이 토해낸 말(문명)의 메아리이리니, 길게, 넓게, 오래 볼 일이다. 상근기로 침묵할 일이다. 상근기로 메아리 들을 각오해야 할 일이다. 상근기로 무덤 안에서 누워 있을 일이다.

박경용 연보

1940년   경북 포항시 송라면 지경리에서 출생. 아호는 송라(松羅).
1958년   포항고등학교 졸업, 서라벌예술대학 문예창작과 입학. 동아일보「청자수병(靑瓷水甁)」및 한국일보「풍경(風磬)」신춘문예로 등단.
1960년   동국대학교 국문과로 편입, 1962년 졸업.
1969년   동시집『어른에겐 어려운 시』(대한기독교서회) 출간.
1974년   동시집『그날 그 아침』(세종문화사) 출간.
1978년   『글짓기 교실』(예림당) 출간.
1979년   동화집『날아온 새』(예림당),『교과서 중심 글짓기 교실』(금성출판사) 출간.
1980년   연작 동시조집『별 총총 초가집 총총』(서문당),『명작 동시 감상 교실』(금성출판사),『노래의 잔치』·『동화의 잔치』(어문각) 출간.
1981년   시집『침류집(枕流集)』(서문당) 출간.
1982년   「시조 작법-우리 가락, 시조」(한국청소년연맹), 동화집『왕두꺼비 나라』(동화출판공사) 출간.
1984년   동요시선집『귤 한 개』(아동문예사) 출간.
1985년   시조선집『적(寂)』(바른사) 출간.
1986년   시선집『소리로 와서』(가나출판사) 출간.
1987년   동시선집『새끼손가락』(가나출판사), 동시조집『우리만은』(대교문화) 출간.
1991년 『이야기 장자(莊子)-나비되어 우주 한바퀴』(도서출판 곰) 출간.
1992년 『한국 명작 동화 감상·1, 2』, 『한국 명작 동시 감상』, 『한국 명작 동요 감상』, 『새 글짓기 교실』(가나출판사), 『박경용 모범 글짓기 교실』(전 10권, 태양사) 출간.
1994년 『옛시조에 담긴 사랑』(기린원) 출간.
1997년 합동시집 『어린 달과 어울리러』(동시조동인회 '쪽배' 1호·가람출판사) 출간.
1999년 합동시집 『5대 3』('쪽배' 2호·책만드는 집) 출간.